Para: ....

De: ....

Para nossa rainha-mãe, a quem devemos tudo.

Ilustrações: Ana Sanfelippo
Direção de arte: Trini Vergara - Paula Fernández
Design: María Natalia Martínez
Tradução: Sandra Martha Dolinsky

www.vreditoras.com.br

Rua Capital Federal, 263 - Bairro Sumaré
CEP 01259-010 - São Paulo - SP
Tel./Fax: (55 11) 4612-2866
editoras@vreditoras.com.br

ISBN 978-85-7683-206-5

Impresso na China
Printed in China

Dados Internacionais de Catalogação na Publicação (CIP)
(Câmara Brasileira do Livro, SP, Brasil)

Riba, Lidia María
Um presente para minha avó / Lidia María Riba;
[tradução Sandra Martha Dolinsky].
Cotia, SP: Vergara & Riba Editoras, 2009.
Título original: Un regalo para mí abuela

ISBN 978-85-7683-206-5

1. Amor 2. Avós e netos 3. Conduta de vida
I. Título.

09-05984 CDD-ar868

Esta publicação segue as normas do Novo Acordo Ortográfico da Língua Portuguesa.

LIDIA MARÍA RIBA

Um presente para minha Avó

V&R
EDITORAS

Tempo de espera

Avó. A palavra a emocionou.
Não importa se o esperava havia muito tempo ou se a notícia causou uma inquietante surpresa.
Mesmo se julgava estar preparada ou se havia – inclusive – rezado por esse momento; ou se sua primeira reação foi pegar um espelho para se olhar.
Avó, eu? Como é possível?
Mas os olhos emocionados de seu filho ou de sua filha confirmavam tudo. O mesmo olhar daquela criança que ainda ontem havia recebido em seus braços, aquela por quem você teria ido até o fim do mundo para dar-lhe o que necessitava. Ainda ontem...
E agora lhe diz que está esperando um filho.

Essa nova condição não dependia de você, nem de sua vontade, nem de seus anseios, mas a partir de então mudaria sua vida para sempre.
Avó, eu? Como é possível?
E, de repente, a palavra enfim chegou ao verdadeiro destino: seu coração. Invadiu-a por completo e todo seu ser se transformou diante do som.
Você nunca mais seria a mesma. Havia transcendido para além do tempo e dos medos.
O olhar continuava ali, expectante, mescla de ansiedade e alegria. Você deu um passo à frente, e, com a alma posta nele, compartilharam um abraço sem tempo.
Um abraço agradecido por esse presente da vida.
Um abraço com amor idêntico ao que você sentiu naquele primeiro dia. Não, muito maior.

Carta para minha avó, deste lugar quente e seguro

Querida vovó,

Por enquanto vou chamá-la assim. Talvez, quando eu aprender a falar, inventemos juntos outra maneira de chamá-la.

Embora ainda não nos conheçamos, já posso imaginá-la e sei que precisarei muito de você. Dentre todos os amores que me esperam aí fora, já pressinto o seu. Generoso, sem limites, seguro.

Quase posso sentir seus primeiros abraços; só você e eu perceberemos que estará tremendo por dentro. Como agora.

Sei também que, secretamente, você prepara um lugar para mim em sua casa. Grande ou pequena, não importa: ela se transformará em meu próprio parque de diversões.

De mãos dadas com você descobrirei tesouros nos cantos, viverei aventuras em jardins, aprenderei quanto carinho cabe em uma história lida muito tarde da noite.
Para crescer feliz, conto com você. E quando nem tudo for fácil para mim, seus conselhos e sua compreensão me ajudarão a seguir em frente. Espere por mim.
Eu prometo, desde agora, que para mim você será amiga, cúmplice, mestra. Seus braços consolarão meu pranto, sua voz em sussurro conseguirá me adormecer, suas mãos curarão minhas feridas.
Única, vovó, como eu para você.

O prêmio

Você não foi a primeira a tê-lo nos braços. Antes de chegar até você viu a mãe maravilhada, o pai emocionado e o sorriso eficiente, gentil do médico e de uma enfermeira. Mas, finalmente, lá estava, muito perto de seu peito, rostinho enrugado, mãozinhas apertadas. Nenhum de seus sonhos anteriores sequer se aproximava deste completo, imenso amor à primeira vista que você sentiu. Para a vida toda.

Foi um tilintar de sinos, uma revoada de cem pombos. E você só pôde pedir: *Deus, conceda-me muitos anos para viver esse milagre.*

MAMÃE,
VAMOS PEDIR À VOVÓ
QUE FAÇA UMA FANTASIA
DE DINOSSAURO PARA MIM,
PARA A FESTA DO COLÉGIO?
A VOVÓ SABE FAZER
DE TUDO!
E SENÃO, ELA COMPRA.

P. (4 anos)

Minha avó é a maior do mundo.
Sabe muitas canções e conta
as melhores piadas. Às vezes, fazemos
piadas sobre meus pais, mas isso
não devo contar a ninguém.
Às sextas-feiras vou dormir na casa dela.
Eu gostaria que houvesse mais sextas-feiras.

J. (6 anos)

Seu verdadeiro nome

O nome avó é pequeno para uma avó.
À medida que cada neto ou neta vai crescendo a seu lado, ela se multiplica de infinitas e amorosas maneiras.
Avó-refúgio, primeiro vencedora de monstros e temores infantis e depois defensora de incipientes vontades adolescentes. Aquela que já superou rebeldias porque tem certeza de que o amor e os braços abertos solucionam quase qualquer conflito.
Avó-sábia, que conhece os segredos da existência, que ouve até o que se esconde por trás das palavras, que guia mantendo-se de lado no caminho.

Avó-incondicional, que perdoa esquecimentos, que intui preocupações, que alenta e consola, que admira muito além das razões.
Avó-companhia, que sempre oferece o melhor dos presentes: seu tempo – apaixonada entrega sem pressa nem inquietos olhares para o relógio.
Avó-princípio e centro, em quem confluem todos os amores, indispensável e regente, que une, a sua volta, igualdades e diferenças.
Avó-rainha. A rainha-mãe da família.

De: mariabombom@interlink.com
Assunto: LEIA A MENSAGEM AGORA. URGENTE

Vovó quero saber se posso ir AGORA MESMO morar em sua casa porque minha irmãzinha chora o tempo todo e a mamãe só dá atenção a ela mas não conte a ninguém que eu mandei esse e-mail assim vão pensar que foi ideia sua
Te amo.

E-mail de M. (7 anos)

Noite de estreia

Você era a protagonista de sua vida. Seu trabalho e suas amigas. Seu amor (o de sempre ou um novo). Aprender a usar o *Facebook*. Celular e mensagens de texto.
Uma viagem para aquele lugar que desejava conhecer.
Almoçar uma vez por semana com seu filho e ir com a filha escolher o vestido de noiva. Uma vida intensa e independente.

Hoje você é tudo isso e muito mais. A história de sua vida estrelou novos protagonistas: o neto, a neta viraram seu mundo de cabeça para baixo.
Hoje, a impaciência de terminar suas obrigações deve-se ao fato de ser *o dia em que ele vem a sua casa.* Os pais – graças a Deus – irão a uma festa e precisam de sua ajuda.

Rápido, comprar o que ele gosta de comer; rápido, tirar do caminho tudo o que significa um perigo para sua incansável sede de investigação; rápido, vestir uma roupa confortável, dessas que não lhe importará sujar com mil experimentos.
Finalmente a campainha toca e você ouve, do outro lado da porta, sua pequena voz chamando-a. Vovó.
É seu prêmio, a condecoração que merecem os anos de amar e ensinar ao pai ou à mãe dele, a medalha e a taça da vitória que celebram sua proeza de mulher.
A presença ruidosa e excitante desse pequeno ser tornou perfeito o círculo de sua vida.
Dentro de algumas horas você entregará esse tesouro nos braços dos pais. Esgotada. Felizmente esgotada.
Até a próxima vez, que você já começa a esperar.

Eu te super hiper extra arqui
mega amo demais.

Sua neta preferida (Eu)

Cartão de aniversário de F.
(8 anos)

Minha avó e meu labrador
se parecem muito:
não importa o que eu faça,
me amam do mesmo jeito.

M. (9 anos)

Amanhã

Ser avó é e *não é recomeçar.*
Quando seus filhos eram pequenos, você costumava pensar com certa inquietude quanto ainda tinham a aprender.
A tabuada do 9 e Shakespeare; os antigos romanos e a fórmula da água...
Agora você olha para esse pequeno ser e pensa: *a tabuada tudo bem, mas quando chegará o momento de lhe contar a história de Romeu e Julieta...*
A magia dessa nova oportunidade é que você fará tudo por puro, autêntico prazer.
Sem obrigações nem premências, sem esperar em troca as melhores notas. Só porque quer estar ali para abrir-lhe a porta do universo e sentar-se para ver como se apodera dele.

Grandes coisas sobre uma avó

- Não se importa se você assiste à televisão ou se joga videogame. Se você está na casa dela, ela está feliz.
- Ela pode jogar baralho com você a tarde toda, e acha divertido!
- Permite que você beba suco quando come.
- Nunca pergunta se você fez sua tarefa.
- Conhece todos os segredos para tirar as manchas da roupa.
- Seu nome é a senha dela no caixa eletrônico. E ela lhe conta!
- A história de como conheceu seu avô é melhor que qualquer historinha.
- Nunca esquece o Dia das Crianças (mesmo que você já tenha mais de 30 anos...).

- Você pode lhe pedir que cuide de seu cachorro, de seu gato ou de sua tartaruga quando for viajar. (De ratos ela não gosta.)
- Quando dorme na casa dela, não importa se você se levanta cedo; ela está acordada muito antes e disposta a conversar sobre qualquer coisa.
- Encontra um botão exatamente igual ao que você perdeu e o costura em menos de cinco minutos, sem importar se estava ocupada com outra coisa.
- Também deixa que você convide amigos e prepara hambúrguer para todos.
- Conta às amigas como você é inteligente e carrega sempre milhares de fotos suas para mostrar a elas. (Algumas são horríveis!)
- Nunca admitirá que se dá melhor com você que com os outros netos (mas você sabe que sim).

C. (10 anos)

Sabedorias

Seus netos deviam aprender tantas coisas, é verdade...
Mas quem diria que você mesma aprenderia tanto
ao lado deles.

Que se pode beber chá em xicrinhas pequeníssimas
(e até sem as xicrinhas), cercada de bonecas e amigas
imaginárias.

Que o futebol pode ser um assunto interessantíssimo,
e que você não só é capaz de fazer gol nos arcos do jardim
como de conhecer detalhadamente times e estatísticas.

Que a fantasia é um mundo certo no qual se pode entrar com uma historinha, um disfarce, visitando Disney World ou montando no velho carrossel de seu bairro.

Que você pode ser a avó mais moderna do mundo porque sabe de bandas de rock, de memórias de *iPods*, de jogos eletrônicos; mas isso não impede que muitas vezes você feche os olhos e não dê opinião.

Você aprendeu a calar, a divergir em silêncio, a aceitar, a deixar em liberdade. Sua sabedoria se afirma na certeza de que tudo o que ensinou permanece ali, em seus filhos, e, por meio deles, em seus netos.

Você sabe que precisam de seu apoio, imprescindível para eles como a água e o ar; sabe também que buscarão suas palavras quando outros caminhos se fecharem.
E que a recompensa para sua serena paciência manterá sempre abertas para você as portas das vidas deles.

Para minha avó

Quando eu era pequena, morava quase no extremo oposto da cidade. Quando precisava de você, eu saía à varanda da minha casa e a chamava, gritando seu nome. Eu sabia que, mesmo estando muito longe, você podia me escutar. Sempre soube. Ainda sei. Nós duas não precisamos de telefones, nem de e-mails, nem sequer de estar no mesmo planeta para podermos nos comunicar. Nosso vínculo é mais forte que o tempo e o espaço.

Um dia, olhando fotografias, perguntei a você quem era a mulher que aparecia em uma. Quando me disse que era você (mais jovem), olhei-a incrédula e exclamei: "Mas você tinha outro rosto!". Seu riso me ensinou que é saudável não levar muito a sério o passar do tempo.

Ninguém cozinha como você, e acho que sei qual é seu ingrediente secreto: muito amor!

Obrigada por me ensinar a rezar por todos antes de dormir.

Obrigada pelas cartinhas que você escondia entre minha roupa e que eu encontrava quando chegava em casa. Eram nosso segredo, e todo seu amor se revelava nelas.

Obrigada por me ensinar todos os dias os benefícios do bom humor, da generosidade, dos bons modos, da ordem e da organização. Mesmo que ainda muitas vezes me seja difícil aplicá-los, seu exemplo me impulsiona a tentar melhorar sempre.

Obrigada por me transmitir um pouco de sua habilidade na cozinha. Ninguém acreditou que seria possível eu preparar um grande prato elaborado. Exceto você, claro.

Obrigada por sua infinita energia, porque, apesar de tuuuudo o que tenha feito em uma única manhã, nunca está cansada para me ajudar se eu lhe pedir.

Obrigada por ser minha avó.
A melhor avó do mundo.

M. (18 anos)

Prazeres para viver pouco a pouco

O doce cheiro da pele de um bebê. Outra vez.
A primeira vez que sorriu ao lhe reconhecer.
Que prefira seus braços aos da outra avó.
Fazer navegar um barquinho de plástico em um banheiro encharcado de água (assim como você).
As histórias, os mágicos contos de fadas e piratas que você nem sabia que sabia.
A bagunça. Total, inevitável, despreocupada, e você, no chão em meio a brinquedos caríssimos, e simples, adoradas caixas de papelão.
A ordem, depois.
Aprender que os bolsos servem para se encher de surpresas.

Tornar-se uma apaixonada por fotografias: as de antes, as digitais, em álbuns, em seu celular, em sua rede social, em porta-retratos. Sempre são poucas.
Viajar quilômetros por uma noite só porque precisa de você.
Ser a primeira a chegar às apresentações escolares para reservar o melhor lugar.
Resgatar seu vestido de noiva, seus colares, esses sapatos que você nunca decidiu jogar fora e ofertar sua maquiagem importada para transformar uma menininha em uma verdadeira princesa.
Tornar-se especialista em insetos, esportes, clubes e recordes.
As cartas, os doces que se colam em seus dedos, as flores, a infinita caixa na qual guarda suas recordações.

Compartilhar segredos, disfarçar erros, inventar travessuras.
A emoção de seus primeiros amores e a oportunidade de reviver a própria história.
Ver que parecem se afastar um pouco quando os invade a intensidade de sua corrida adolescente.
Saber que voltarão.
Desfrutar a sua passagem de jovens a adultos sem culpas nem arrependimentos. E sem recordar sua idade. Imaginar que, a qualquer momento, terão seus próprios filhos e você será...

Mas não, ainda não; esse já é outro livro.

Vovó, se eu tivesse de desenhar a cena que nos representa melhor, seria aquela na qual via você entrar com a enorme bandeja nas mãos. Eu a esperava na cama grande, vendo na televisão minhas séries favoritas que, coincidentemente, eram também as suas. Levava aquela comida que ninguém jamais soube preparar como você. Em sua companhia, quase tudo era permitido, e eu era sua única ocupação.

Depois, enquanto o cansaço ia me vencendo, você me aproximava de seu abraço e acariciava suavemente minha cabeça. Sempre levarei comigo a ternura de suas mãos amorosas e aquela inefável convicção de me saber especial.

I. (28 anos)

Você havia chegado de muito longe
só para me conhecer. Durante sua visita,
uma doença sem importância a obrigou a certo
isolamento. Contam-me que eu, já acostumada
a seus braços, chorava sem consolo.
Minha mãe teve a ideia de me aproximar da porta de
seu quarto para que você, com voz amorosa, cantasse
para mim, como fazia sempre. E eu me acalmei.
Parece impossível que recorde isso; porém, cada vez
que ouço aquela canção, a doce força de seu amor me
envolve na saudade de sua companhia.

E. (30 anos)

Sempre

Você é o laço que une o presente e o passado.
Ninguém mais que você pode lhe falar de suas raízes.
Os pais vivem a incessante corrida cotidiana para educá-lo, prover seu bem-estar e preocupar-se com seu amanhã. Portanto, é seu o luxo e o dever de entregar-lhe seu legado.
Você é a recordação que ele levará dentro de si; a garantia de pertencer e de reconhecer-se nessa família; o eco emocionado e necessário daqueles que o precederam e o amaram sem conhecê-lo.
Você saberá encontrar o momento adequado: mostre-lhe seus tesouros guardados, fale daqueles sonhos, compartilhe aquelas esperanças.
Mais tarde, por sua vez, ele ou ela se encarregarão de passar aos filhos e aos netos esse legado.
Na memória e no amor dele, que vencerá o tempo, sua voz se ouvirá para sempre.

Todas as avós

É verdade que as avós existiram desde o princípio dos tempos. Bem, desde um pouco depois daquele princípio. Mas jamais, como agora, houve tantos fascinantes tipos de avós.

As de sempre, grisalha, paciência infinita, dedicação completa. As que lembram o aniversário, dão guloseimas e cozinham um pouco à moda antiga, talvez não muito naturalista ou dietético, mas tão gostoso...

As mais modernas, nunca um fio de cabelo branco, vestindo a roupa mais atual; elas sabem onde comprar o que seus netos gostam e querem que as chamem pelo nome.

As que trabalham e curtem cada minuto com seus netos; renunciam a descansos e fins de semana só para estar com eles.

As avós com paixão por ser avós e as que tiveram de aprender a ser. As que gostam de conhecer o novo junto com seus netos e as que transformam velhas histórias familiares em mágicos contos.

As avós intelectuais, interessadas em política, literatura ou ciências, que falam com seus netos como pessoas mais velhas, que desafiam sua inteligência e os preparam para o futuro.

As avós para sempre avós, para as quais os netos jamais crescerão, que demonstram seu carinho com beijos e abraços na frente de qualquer um, que anseiam em silêncio que as visitem, que já sonham em ser as melhores bisavós.

As que moram longe de seus netos e se transformaram em especialistas em computação para se aproximar deles e escrevem cartas digitais, com cuidado, pontuação e um amor que ignora fronteiras.

As que, para ajudar a família, assumem o sagrado dever de cuidar dos netos todos os dias e os mimam às escondidas.

Tantos tipos de avós... O que une todas elas?
O amor. Um amor que foi provado pelo tempo,
que atravessou difíceis e melhores épocas,
que comprovou que sua força prevalece sempre
quando se sabe esperar.
Um amor generoso, que não exige. Um amor que começou
a palpitar nos pais e se agiganta nos netos.
Um amor que tudo compreende porque tudo sabe.

Deus abençoe todas as avós,
que fazem diferença na vida de seus netos.

Mensagem para minha avó

Sua opinião é muito importante!

Mande um e-mail para **opiniao@vreditoras.com.br**
com o título deste livro no "Assunto".

www.vreditoras.com.br
www.lidiamariariba.com